中国文化
知识读本

ZHONGGUO WENHUA ZHISHI DUBEN

金开诚◎主编

王忠强◎编著

吉林出版集团有限责任公司
吉林文史出版社

景泰蓝

图书在版编目（CIP）数据

景泰蓝 / 王忠强编著 .—长春：吉林出版集团有
限责任公司：吉林文史出版社，2009.12（2022.1 重印）
（中国文化知识读本）
ISBN 978-7-5463-1686-4

Ⅰ . ①景… Ⅱ . ①王… Ⅲ . ①景泰蓝－简介 Ⅳ .
① J526.2

中国版本图书馆 CIP 数据核字（2009）第 236874 号

景泰蓝

JING TAI LAN

主编/ 金开诚 编著/王忠强

项目负责/崔博华 责任编辑/曹恒 于涉

责任校对/王明智 装帧设计/曹恒

出版发行/吉林文史出版社 吉林出版集团有限责任公司

地址/长春市人民大街4646号 邮编/130021

电话/0431-86037503 传真/0431-86037589

印刷/三河市金兆印刷装订有限公司

版次/2009 年 12 月第 1 版 2022 年 1 月第 5 次印刷

开本/650mm×960mm 1/16

印张/8 字数/30千

书号/ISBN 978-7-5463-1686-4

定价/34.80元

关于《中国文化知识读本》

　　文化是一种社会现象，是人类物质文明和精神文明有机融合的产物；同时又是一种历史现象，是社会的历史沉积。当今世界，随着经济全球化进程的加快，人们也越来越重视本民族的文化。我们只有加强对本民族文化的继承和创新，才能更好地弘扬民族精神，增强民族凝聚力。历史经验告诉我们，任何一个民族要想屹立于世界民族之林，必须具有自尊、自信、自强的民族意识。文化是维系一个民族生存和发展的强大动力。一个民族的存在依赖文化，文化的解体就是一个民族的消亡。

　　随着我国综合国力的日益强大，广大民众对重塑民族自尊心和自豪感的愿望日益迫切。作为民族大家庭中的一员，将源远流长、博大精深的中国文化继承并传播给广大群众，特别是青年一代，是我们出版人义不容辞的责任。

　　《中国文化知识读本》是由吉林出版集团有限责任公司和吉林文史出版社组织国内知名专家学者编写的一套旨在传播中华五千年优秀传统文化，提高全民文化修养的大型知识读本。该书在深入挖掘和整理中华优秀传统文化成果的同时，结合社会发展，注入了时代精神。书中优美生动的文字、简明通俗的语言、图文并茂的形式，把中国文化中的物态文化、制度文化、行为文化、精神文化等知识要点全面展示给读者。点点滴滴的文化知识仿佛颗颗繁星，组成了灿烂辉煌的中国文化的天穹。

　　希望本书能为弘扬中华五千年优秀传统文化、增强各民族团结、构建社会主义和谐社会尽一份绵薄之力，也坚信我们的中华民族一定能够早日实现伟大复兴！

【目录】

一 景泰蓝概述

造型高贵典雅，色彩艳丽的景泰蓝双贯瓶

中国景泰蓝造型典雅，色彩艳丽，在世界工艺史上享有很高的声誉。但是对于景泰蓝概念的界定以及它产生的历史渊源，至今在学术界还没有取得一个完全一致的认识。对于某些问题的认识不尽一致，甚至有的分歧还比较大，这主要是由于文献资料和实物的不足，或者是研究工作开展得还不充分，这在学术研究上属于正常现象。

（一）景泰蓝的定义

景泰蓝的正式名称为"铜胎掐丝珐琅"，俗称"珐蓝"，是一种在金属表面用玻光釉料进行豪华装饰的特殊的、高级珐琅器工艺品。按我国传统的说法是：将附着在陶或瓷胎上的玻璃质材料叫做"釉"，用于建筑瓦件之上的称"琉璃"，而覆盖于金属制品表面的玻璃质材料，则称为"珐琅"。

为什么把我国的"铜胎掐丝珐琅"称作"景泰蓝"，主要有如下两种解释：第一，景泰蓝是在明代景泰年间（1450—1456年）开始生产的，所以叫做"景泰蓝"。第二，景泰蓝在明景泰年间制作工艺最为精湛，无论是在器形、纹饰、色彩等方面都已达到极高的艺术水平，尤其是

景泰蓝是中国工艺美术史上耀眼的明珠

景泰蓝盖豆

蓝色釉料有了新的突破：淡白微绿的天蓝，如琉璃般凝重的钴蓝，以及蓝宝石般浓郁的宝蓝，均无一例外地用做底色，形成民族特有的艺术风格。色清新雅丽，给人以高贵华美的艺术享受，故而被人称之为"景泰蓝"。

"景泰蓝"这个称谓最早见于清宫造办处档案。清雍正六年（1728年）《各作成做活计清档》记载："五月初五日，据圆明园来贴内称，本月四日，怡亲王郎中海望呈进活计内，奉旨：……珐琅葫芦式马褂瓶花纹群仙祝寿，花篮春盛亦俗气。今年珐琅海棠式盆再小，孔雀翎不好，另做。其仿景泰蓝珐琅瓶花不好。钦此。"这一记载，把仿景泰时期的珐琅制品称作"景泰蓝珐琅"。

景泰蓝是我国珐琅工艺的一部分。在我国流行的珐琅工艺，可以按照釉料的装饰工艺方法不同而分为三种。一种叫做"铜胎掐丝珐琅"，即习称的"景泰蓝"，是在铜胎上焊上细铜丝盘曲而成各种纹样，再填嵌各色釉料，经烧制、磨光而成；第二种叫做"铜胎錾花彩釉绘珐琅"，即在铜胎上錾出花纹，再点彩釉烧制而成；第三种叫做"铜胎彩釉绘珐琅"，即在铜胎上直接用釉料绘制而成。而景泰蓝经过我国历代艺人的努力钻研，融合了我国瓷器、

铜器、漆器等传统技法和表现形式，成为珐琅工艺中的一朵奇葩。

景泰蓝汲取了我国瓷器、铜器等传统技法和表现形式的精华

（二）景泰蓝的起源

对景泰蓝的起源，由于现有文献记载不足，缺少早期有可靠年款的制品作为断代依据，所以专家学者持有不同的看法，尚难以定论。但可以肯定的是这一工艺并非始于明朝景泰年间，

景泰蓝花鸟大花瓶

景泰蓝花卉香炉

其历史渊源可追溯到元朝或更加久远的年代。

　　有些学者认为景泰蓝起源于我国。如春秋时期越王勾践剑，柄上就嵌有珐琅釉料；满城出土的汉代铜壶，壶体也用珐琅作为装饰；日本正仓院所藏的唐代银胎金掐丝珐琅镜，镜背花纹就涂饰有各色珐琅。这些反映了我国在金属工艺中运用珐琅的历史十分悠久，但从严格意义来说，并不能完全证明景泰蓝独特的工艺性，或者认为景泰蓝工艺出于中国。

部分学者认为珐琅器作为一种在金属器形上用彩釉进行装饰的工艺技术，是从外国传入我国的。据《新增格古要论·古窑器论·大食窑》记载："大食窑出大食国。以铜作身，用药烧成五色花者，与佛郎嵌相似。尝见香炉、花瓶、盒子、盏子之类，但在妇人闺阁之中用，非士大夫文房清玩。世又谓之鬼国窑，今云南人在京多作酒盏，俗称曰鬼国嵌，内府作者，细润可爱。""大食"是中国古代对西亚阿拉伯国家的称谓，"佛郎"即"佛林"，是中国古代对东罗马帝国的称谓。"佛郎嵌"即是指东罗马帝国的掐丝珐琅。掐丝珐琅最早源于古

景泰蓝花瓶

多姿多彩的景泰蓝是我国
传统造型工艺的奇葩

代罗马，目前所能见到的最早珐琅为公元前 13 世纪的迈锡尼时期的指环。公元6 世纪以后，东罗马帝国的珐琅工艺非常发达。至 12 世纪时，珐琅工艺传入西亚阿拉伯国家。有关专家根据史料分析，大约在 13 世纪末，元蒙军队远征，横跨欧亚大陆入侵西亚，俘虏了大批有专业技能的工匠作为工奴运回后方，专为蒙古贵族生产豪华日用品。此时，在阿拉伯地区流行的金属珐琅制作技术与主要原料就传入中国。传入之初，就被称作"大食窑器""鬼国窑器"和"佛郎嵌"。

景泰蓝是古代劳动人民智慧的结晶

至于景泰蓝在国内产生的时间，专家学者也是众说纷纭，主要有以下三种说法：第一种说法是自唐代产生，第二种说法是自元代产生，第三种说法是自明代产生。

认为国内景泰蓝是自唐代产生的，其唯一的论据是"迄今所知我国最早的一件珐琅工艺品是珍藏于日本正仓院的唐代银胎金掐丝珐琅镜"。这面收藏在日本的镜子，日本学者称之为黄金琉璃钿背十二棱镜。

但是上述观点在日本学者中也是存在

争论的。关于它的制作时间,有的考证认为是8世纪时制作的,有的则说是8世纪以后制作的;关于此镜的制作地点,有的日本学者说是在唐代中国制的,有的则说是日本制的,甚至还有人说该镜是西方国家制的。另外,关于此镜的釉料质地,有的学者称之为"七宝"(即珐琅),有的称之为"琉璃"(即玻璃),还有的认为是唐三彩低温铅釉。由于存在这些争议,还有待进一步的科学检测,而此镜又是孤例,不适宜立论,所以,在这种情况下把它确定为是唐代的掐丝珐琅器尚嫌科学依据不足。

而持"景泰蓝产自元代"一说的,目前主要根据一是上文提及的文献,即明人曹昭的《格古要论》,其中首次著录了珐琅工艺的渊源、特点、用途等问题,成为今天研究我国古代珐琅器唯一的文献资料。其二是实物,即是故宫博物院收藏的掐丝珐琅兽耳三环尊、勾莲鼎式炉、缠枝莲象耳炉等,这几件作品原本被认为是明代的景泰蓝。但是杨伯达先生经过重新考证,在《中国美术全集·金银玻璃珐琅器》一书中提出它们"应是我国元代晚期的作品",理由是:"……被当做兽耳三环尊尊腹的珐琅罐,宽肩、敛腹的形制,垂云开光,大卷叶缠枝勾

景泰蓝三足炉

景泰蓝双耳瓶

莲图案的装饰，都是元代的特征。"并据此认为"元代是中华民族珐琅器工艺奠基和成熟的时代"。

针对这种看法，持不同意见的专家学者纷纷反驳。他们认为首先，关于"大食窑"何时传入国内这一点，《渐增格古要论》并未说明，其后的文献也没有提及。再者，故宫博物院收藏的兽耳三环尊尊腹的那个珐琅罐的器形，虽然与明朝时期的罐形相比略有区别，但区别极其微妙，不能因此就定为"元式"。最能说明问题的是此罐的主要纹样"大卷叶缠枝勾莲图案"，杨先生考定认为其是元代的特征，但是田自秉先生在《中国工艺美术史》一书中认为"缠枝花是明代最流行的一种装饰纹样"。虽然理论上东罗马和西亚伊斯兰的掐丝珐琅在元时传入也是有可能的，但至今全世界还没有发现一件年代可靠的元代掐丝珐琅，也没有发现这方面的文献。由此可见，元代起源说是值得重新考虑的。

第三种看法是明代起源说。这一观点无论从实物还是从文献方面，都有大量可靠的根据。现存明代景泰蓝绝大多数是故宫传世品，是当时御用监监制的，专供皇家使用，有炉、瓶、盒、碗、尊、烛台等。从上面的纪年款识上看，有宣德、景泰、嘉靖、万历四朝，其中宣德款最早，景泰

绚丽的缠枝花纹是明代景泰蓝最为流行的装饰纹样之一

具有独特民族风格的景泰蓝制品

款最多，但是据专家学者考证，其中又多为伪作、伪款。所以景泰蓝具体是在明代什么时期出现的，则还需要专家学者们的进一步深入探讨。

"他山之石，可以攻玉"，虽然景泰蓝是舶来品，但在中华民族博大精深的艺术土壤上，很快地就融会了中华民族的传统艺术风格，并形成了自己独特的风格，成为中国工艺美术史上耀眼的明珠。

二　景泰蓝的发展历程

景泰蓝制作工艺考究，历史悠久

（一）明代的景泰蓝

明代传世的景泰蓝，有纪年款识的仅见宣德（1426—1435 年）、景泰（1450—1456 年）、嘉靖（1522—1566 年）、万历（1573—1619 年）四朝，而其他大量的传世器物都无款识。

目前发现的景泰蓝实物还没有早于明代宣德年款的，但从明代宣德款产品制作的精美程度来看，可以断定都不是草创之作。明代景泰蓝，丝用黄铜制作，火镀金，釉色明亮，有玻璃光泽，色彩喜欢用原色，对比强烈，统一协调，形成华丽、浑厚的风格。应该是景泰蓝这项工艺制造技术在前期已经出现，逐渐发展进步，到了明代宣德年间已达到成熟的阶段。

1. 宣德年间的景泰蓝

明代景泰蓝工艺，是继承了前代的工艺技术而发展成的具有浓郁的民族风格的工艺。它的胎体厚重，早期是铸錾胎体，其纹样丝工是由艺匠用錾子把图案一点一点剔錾制成。此工艺最早可以追溯到战国时期的金银错工艺，它与景泰蓝所不同的是，它是阴纹而景泰蓝是阳纹。宣德年间品种有圆盒、炉、盘、尊、香

熏、蜡台等。其制品以掐丝珐琅器出戟尊、掐丝珐琅器双陆棋盘等为代表。在釉的色彩上又增加了宝蓝色，比浅蓝要深，底色层次更加分明。

根据现存实物的分析，宣德时期景泰蓝工艺的基本特征是：

一是多以浅蓝釉为底色，亦有少量用白色釉为底色，其上由宝石蓝、鸡血红、白、墨绿、草绿、绛紫、娇黄等多彩釉色组成缠枝花卉和云龙戏珠图案，釉色纯正稳重，釉面光亮有砂眼。

二是习惯用缠枝莲作为主体装饰图案。缠枝莲的枝干多用单线勾勒，弯曲转折串联起不同色彩的盛开的花朵。花头硕

制作精美、风格独特的景泰蓝制品

大，在肥厚的多层花瓣衬托下，中心处形成类似桃形的花蕊。这种缠枝图案的组成，似乎已成为定式，变化不大。

三是掐丝的粗细，略显不匀，勾勒出来的花纹图案轮廓线衔接处不甚紧密，掐丝衔接的痕迹较为明显。铜胎的制造比较厚重，给人以自然朴实的美感。

依据这些基本特征，对没有时代款识，而艺术风格相似的作品，可确定为宣德时代所制。铜胎珐琅缠枝莲双耳炉、掐丝珐琅蕃莲纹出戟尊等作品，胎体厚重，釉色纯正稳重，以单线勾勒花卉枝干，花朵硕大，虽然没有制造年代款识，但其艺术风格及釉色特点，均具有宣德时期景泰蓝制品的特征。

2. 景泰年间的景泰蓝

景泰年款的景泰蓝传世较多。到了景
泰年间（1450—1456年），景泰蓝工艺得
到了极大发展。无论艺术手法、制作技术、
质量等方面都有了新的提高，规模远远超
过前代，宫廷内的御用监设有专门制作景
泰蓝的作坊。制胎方面达到了相当的高度，
胎型有方有圆，并向实用方面转化，除宣
德年间的胎型外，还有花盆、面盆、炭盆、
灯、蜡台、樽、壶等器形；题材、纹饰增多，
有云鹤、火焰等表现道教、佛教内容的题
材，也有龙戏珠、夔龙夔凤等寓意吉祥的

景泰蓝象耳象足大香薰

景泰蓝玉壶春

题材，莲纹也更加丰满，枝蔓形状活泼有层次；釉色出现了葡萄紫、翠蓝和紫红等新色，放射出宝石般的光辉，尤其是蓝色釉料的水平有了极大创新。在装饰手法上，非常注重金工的处理，在器物的顶、盖、耳、足边线等部位，多有錾活装饰。

孙承泽《天府广记》中记述：景泰御前的珐琅，可与永乐朝果园厂的剔红、宣德朝的铜炉、成化朝的斗彩瓷器相媲美。似乎景泰蓝制品在景泰年间已发展到黄金时代。这种现象曾令人十分不解，因为明代宗皇帝朱祁钰，是在正统皇帝英宗被掠走之后登上皇帝宝座的，景泰年号前后不足七年。这期间明朝内忧外患，国力处于

不同时期的景泰蓝有着不同的风格和特点

衰败之中，工艺美术的发展也遭受严重破坏，其他众多美术门类均陷入困境，没有取得大的成就。在这种情况下，造价成本高、工艺难度大的铜胎掐丝珐琅工艺，何以能在短暂的六年多的时光里如此迅速发展呢？后来经过专家学者研究才知道，原来，"景泰年制"款的珐琅制品中，许多都是依赖早期遗存的旧器，重新加工而成的，真正景泰年制的珐琅作品很少，质量也不好。

朱祁钰登上皇位之后为了满足内廷的需求，把先朝遗存的大量铜胎掐丝珐琅器进行改制，然后镌刻"景泰年制"款，从此"景泰御前珐琅"便以崭新的面貌出现在宫廷之中，并传诸后世。这是一种建立在旧有的珐琅器基础上的艺术成果，重新改制增添了造型的美感，但在釉色烧制和工艺技术方面，却远逊于原来的水平。因此，分析这类珐琅器，仍应视其主体部位的原有年代，改制的情况只能适当予以说明。

从后来文献记载中可知，明末清初时，"景泰御前珐琅"名气已经很大了。所以，后世常把万历时期的珐琅制品改成"景泰年制"。清代雍正、乾隆时期，仿造"景泰年制"款的珐琅制品很多，仿制技术水平也很高，其中有的是照旧样仿制，有的则是画新样制造，携刻"大明景泰年制"

鎏金掐丝珐琅花卉纹熏炉

鎏金掐丝珐琅饕餮万花纹仿古鼎香炉

款。从遗存的珐琅制品中，可以看到这类仿制品，按照原器仿制的作品，其风格类似明代特点，而画样新做的制品，则清代特点突出。

总之，虽然景泰蓝制品一直被认为是在景泰年间进入了鼎盛时期，但根据考证分析，景泰款铜胎掐丝珐琅工艺，上未继承宣德时期铜胎掐丝珐琅工艺的做工，下不能成为嘉靖、万历时期铜胎掐丝珐琅工艺的楷模。虽不能说景泰款景泰蓝全都如此，但是大部分景泰款掐丝珐琅器是康熙、乾隆时期仿制的。因此对"景泰御前珐琅"应重新予以评价。

景泰蓝的制造工艺不断发展

3. 嘉靖、万历年间的景泰蓝

明嘉靖年间，工艺美术出现了新的繁荣景象，瓷器、漆器和纺织品等，都有了新的发展，留下了大量实物，但是景泰蓝制品并不十分景气。在北京故宫收藏的几千件景泰蓝制品中，有嘉靖年款的仅云龙纹盘一件。该盘的总体风格和后期万历时代的作品无多大差异，可视为同期风格。但该盘虽然锈迹斑驳，局部仍然金光闪闪，显然是采取了镏金技术。

万历年间，景泰蓝的制造有了新的发展，艺术风格和工艺技巧都有了明显变化。根据一些镌有"大明万历年造"的景泰蓝制品的分析，万历年间景泰蓝制品的特点主要是：

一是以浅淡釉色作底，擅长运用红、蓝、白、黄、绿五种色彩作为图案装饰，色彩鲜明，对比强烈。珊瑚釉、青金石蓝色釉和前一时期相比有了新特点，松石绿釉则是此时出现的一种新釉色。

二是题材内容多有变化，善于运用双勾线的手法表现折枝小花、图案缜密，早期那种以单线勾勒大朵缠枝花卉的作品已不多见了。龙凤、海马、瑞兽、八宝等寓意吉祥长寿的图案增多，也出现了少量以山水人物图案为内容的作品，

掐丝珐琅熏香炉

题材相当广泛。

三是年代款识多标在器物的底部中心处，用彩釉如意云头纹组成长方形框，框内以绿釉为底，填红釉"大明万历年造"款。这种款识方法是其他年代所未见的。

四是明晚期还流行一种胎体轻薄、填釉不甚饱满的景泰蓝制品，它们应该是民间烧制的，釉色灰暗，砂眼较多，工艺比较粗糙，多为盆、碗、盘、炉等器皿。

大体上说，明代的景泰蓝胎的铜质较好，多为紫铜胎，胎体略显厚重，造型仿古的居多，主要是仿青铜器。所用的彩釉均为天然矿物质料，色彩深沉而逼真，红像宝石红，绿像松石绿。此时的丝掐得较粗，镀金部分金水厚。美中不足的是彩釉上大多有砂眼，因为当时点蓝前胎体用杏干水浸泡，杂质不易清除，熔烧时气体排出形成很多气孔，另外熔烧时煤火爆裂也容易形成砂眼。但这丝毫不影响人们对它的盛誉，明代景泰蓝充分表现出当时的审美意识，从造型、附件装饰和图案构成中，都掌握了线条的变化韵律，每件艺术作品都健康质朴，花纹形象生动，充满生命的活力。正是在明代，景泰蓝工艺走向了成熟，以其绚丽多彩、富有民族气息的艺术

线条优美、充满韵律感的景泰蓝制品

掐丝珐琅双耳香炉

风格而闻名于世。

（二）清代的景泰蓝

清代是景泰蓝工艺发展的又一高峰期，因为统治者的大力提倡和扶持，景泰蓝工艺在前代的基础上得到了迅速发展。北京故宫博物院珍藏的数千件景泰蓝中，清代标有款识的有"康熙""乾隆""嘉庆""同治"四朝，以及清末私人开设的生产珐琅制品的商号和作坊。

1. 康熙年间的景泰蓝

清朝建立后，经过顺治年间的恢复期，至康熙时政权得到巩固，经济有了发展。一度停滞不前的工艺美术开始了全面复兴，景泰蓝工艺也在战乱后得到了恢复并有所发展，顺治时期的景泰蓝在掐丝、釉色、图案方面仍然保留不少明末的韵味。

康熙十九年（1680 年）以后，清内廷设立珐琅厂，至康熙三十年（1691年），造办处的御用工匠多至几百人。康熙三十二年（1693 年），专设"作"来制造各种御用器物，珐琅作是其中之一。景泰蓝制品主要由清官匠作承造，开始时釉料色彩种类少，颜色也不稳定。其后烧制出一些新色釉，色彩也比较纯正。

掐丝技术有了改进，掐丝线条纤细而流畅。其烧制的掐丝珐琅制品主要有三种特点。

一是铜胎成型规矩，以小型器物居多。通常仍采用浅蓝色釉为地，饰红、绿、深蓝、黄、白、紫色釉组成花卉图案，但浅蓝釉地颇显干涩灰暗，缺乏光泽，其他釉色亦不纯正。图案多以缠枝花卉为主，掐丝纤细均匀，刚劲流畅。这类釉色干涩、缺乏光泽和掐丝纤细刚劲的特点，是康熙时代掐丝珐琅工艺的鲜明特征，有别于其他各个历史时期。

掐丝珐琅四方香炉

掐丝珐琅四方香炉

掐丝珐琅熏香炉

二是铜胎制造很规矩，珐琅釉的色泽纯正光洁，彻底改变了灰暗干涩的质感，填料也较饱满，釉层表面平滑，砂眼较少，图案多采取双线勾勒的技法，掐丝纤细流畅。显然，珐琅制造工艺已经恢复到成熟时期。

三是造型、图案及釉色等均仿造"景泰御前珐琅"的特征。有的器物底部镌刻"景泰年制"款，釉色纯正，几可乱真。但它又有明显区别于明代景泰蓝风格的特征，如掐丝纤细、釉料饱满、砂眼很少、图案装饰手法有所变化等。

康熙时期内廷掐丝珐琅生产有了较大进展，器物开始趋向于大型化。这一时期的掐丝景泰蓝，大体上可分为细丝浅釉、粗丝淡釉和匀丝浓釉三种类型，反映了康

造型别致的掐丝珐琅熏香炉

熙时期内廷景泰蓝制品早、中、晚三个不
同阶段的艺术特点。同时，仿造明景泰年
间制品极为盛行。

2. 雍正、乾隆年间的景泰蓝

目前尚未发现有雍正年间制造款识的
景泰蓝制品，但据造办处档案记载，这
个时期设有珐琅作，并有制造掐丝珐琅

制作精细、釉色丰富的掐丝珐琅
熏香炉

器和仿制"景泰珐琅瓶"的记录。这种情况说明，雍正年间作品的艺术风格同其后的乾隆时期应无大的差异，故乾隆时期的景泰蓝制品可以反映清中期的整体水平。

乾隆时期景泰蓝工艺得到了空前的发展，在宫廷造办处的景泰蓝作坊内，集中了全国最优秀的能工巧匠。景泰蓝在宫廷工艺品中占有重要位置，制作的景泰蓝数量之多、规模之大、技艺之精细、釉色之丰富、造型之多样都是前所未有的。当时，清宫造办处的珐琅作生产了许多高水准的杰出作品，广州地区制造景泰蓝的技术亦有新的突破，扬州制造的景泰蓝也很有地方特色。

乾隆年间的景泰蓝香炉

这一时期的景泰蓝，图案多用双钩掐丝，釉色不透明，早期浓郁，中晚期雅丽。釉料除造办处自烧外，还来自广州和欧洲，此时粉红色料成为了一种主要的釉料。镏金装饰更为突出，增强了皇家的富贵气息和金碧辉煌的艺术效果。总的来说，乾隆时期的景泰蓝制造有如下特点：

一是能烧制大型景泰蓝作品，技术迅速提高，数量显著增多。当时出现了许多高大的屏风、宝座、佛塔等，这种大型景泰蓝的烧造，不仅要求有大型的窑炉，还需要高超的景泰蓝烧制技术。乾隆时期，对于这类技术的掌握和控制，可以说达到了炉火纯青的程度。

乾隆三十九年（1774年）和四十七年（1782年），曾烧制两批共十二座高大的珐琅佛塔，分别陈设于宫廷的佛堂内。塔高均236—238厘米，塔的造型各不相同，釉色丰富，图案富于变化。塔身结构严谨，结合处不露痕迹。通体釉料饱满、光润，很少有砂眼。显示出了乾隆时期景泰蓝工艺的杰出成就，也是传世景泰蓝中的珍品。

二是把古代的书画作品巧妙地运用到了景泰蓝制品中，这是一种新的尝试。铜胎掐丝珐琅"明皇识马图"，是以唐代大画家韩干的明皇识马图为蓝本烧制的，画面上的色彩、题跋等均仿造绘画的效果，

文字经过精心设计也可以作为景泰蓝的图案

人物和马匹的姿态十分传神。乾隆皇帝题写的七言律诗，另作一开，用掐丝珐琅烧成，笔墨转折，宛若手迹。这件作品再现了绘画和书法的原貌。

三是仿古造型和仿生器物等，式样十分新颖。乾隆皇帝嗜古，常常要求把古代青铜器的造型运用到景泰蓝制品中，这些仿古器物又展现出景泰蓝的本色，使景泰蓝工艺的表现范围更加丰富。用各种动物形象作器型的制品也显著增多，除明代传统式样的狮子、仙鹤等形象外，还出现了犀、象、羊、兔、鸡等造型，颇有新意。

四是景泰蓝新作数量极多，形制多样、

铜掐丝珐琅朝天耳大香炉

图案精美、釉色丰富、用途广泛。当时，景泰蓝制品在皇宫内比比皆是，小到床上使用的帐钩，大到屏风，甚至高与楼齐的佛塔，以及日用品，桌椅、床榻、酒具、砚、匣、笔架、建筑装饰、宗教用品等等，无所不备。

乾隆时期，景泰蓝的胎体所采用的材料，"分上、中、下三等，上等者金胎金丝，中等者银胎银丝，下等者铜胎铜丝"。在装饰手法上，流行题诗、题名、加制印章图形，借鉴于传统的绘画。花纹内容也比明代更为广泛，有生动多姿的花鸟图案、优美的龙凤图案、生动的草虫鱼兽图案等。尤其与明代不同的是，构图上广泛地采用锦地，密布在主题花纹周围，互相牵绕，变化多端，显得非常匀称自然。在釉色上出现了粉红、菜叶绿、银黄和黑等新釉色，色地的配合除天蓝地、宝蓝地外，又添有绿色地。大明莲演变成精美细秀的勾子莲，花瓣细尖秀丽，枝蔓以双线构成，由大叶构成结架烘托，有主有从。当时已运用了手摇压丝机，丝工达到空前的匀称精美。

乾隆皇帝很喜欢景泰年间的景泰蓝制品，于是仿制"景泰御前珐琅"成了当时宫廷造办处珐琅作的重要活动之一。在造办处《各作成做活计清档》中，仿景泰珐

铜掐丝珐琅天鸡香熏，造型惟妙惟肖、生动传神

铜胎鎏金掐丝珐琅缠枝莲荷纹鼎形香炉

琅的事例颇多。有些仿制"景泰年制"款的景泰蓝作品，是按照新的设计方案制造的，同明代"景泰珐琅"的风格有明显差异。另一种仿制"景泰御前珐琅"的作品，则完全按照明代珐琅器的造型、图案和釉料特点精心仿造，基本特征同明代珐琅无大差异。但这类仿制品的掐丝粗细均匀，规整细腻，填釉饱满，光洁明亮，砂眼较少，镀金闪亮辉煌，明显有别于明代珐琅作品。

乾隆年间的景泰蓝工艺相当发达，展现了我国景泰蓝工艺的最高成就。风格上不仅继承发展了明代景泰蓝豪华、古典、雅致的民族风格，而且也开始转变得纤巧绮丽，镀金技术远胜明代，镀金厚重，显得"圆润结实，金光灿烂"。

3. 嘉庆年间及清末的景泰蓝

嘉庆初期，景泰蓝基本上保持了乾隆时期的风貌，但已经开始衰落，一直到道光年间（1821—1850 年），遗存的作品数量很少，仅见盘、碗之类。造型笨拙，掐丝粗壮，釉色仍主要以浅蓝釉为地，色调比较呆板。道光时期的景泰蓝制品传世极少，具代表性的是道光五年（1825 年）为永陵（辽宁新宾县）烧造的五供，不论是掐丝施彩，还是造型图案，均接近乾隆晚期风格。此后，景泰蓝如江河日下，很难看到像样的作品。

鸦片战争后，具有鲜明民族风格的景泰蓝制品受到西方人的青睐，开始作为重要商品出口外销，在这种情况下，民间景泰蓝工艺有了稍许恢复和发展。随着商品经济的发展，"咸丰年间，有德兴成、全兴成、天瑞堂等数家，精心研究，珐琅一业，始又渐盛"。同治年间的景泰蓝，以浅黄色釉为地者居多，饰红、绿彩图案，色彩较单调，掐丝均匀细腻。

在咸丰、光绪时期，景泰蓝在国际市场上已经颇有名气。在这种对外贸易经济的刺激下，除了官营珐琅作坊外，民

大巧若拙的铜胎鎏金掐丝珐琅仿古方鼎香炉

间也纷纷开商号和店堂，诸如老天利、宝华生、静远堂、志远堂等，使得景泰蓝行业有了一定程度的恢复。这个时期的景泰蓝制品，制胎、烧蓝、磨光技术有所提高，但胎薄、釉薄、镀金薄。胎体借助了机械成型的方法，器型规矩。由于金属拉丝技术的运用，掐丝线条匀细。填料大多以深红、淡黄、苹果绿、灰白和墨色釉作地，前期那种以浅蓝色釉为主色调的作品很少出现了。图案装饰多以折枝花卉为主，也经常表现整株的花卉和花鸟鱼虫。花朵和花叶的翻卷转折层次较多，注重色彩的晕色效果，带有很强烈的西方味道。造型以各种瓶

铜胎捏丝百花景泰蓝罐，花色绚烂，富丽堂皇

为主。仿造景泰年制的景泰蓝作品，其器型、花纹图案和釉料色彩，都与原器相差甚远，没有了明代的沉稳凝重，给人以轻浮飘逸之感。镀金艳黄，浮光亮泽，不同于以往的镀金方法。

现在北京故宫博物院所藏的光绪年间的大型熏炉和仿雍正九桃大瓶、大盘、番莲鱼缸等都是民间作坊生产的制品。老天利主要以仿古瓷器著称，德兴成以制作陈设品为主。1904 年，老天利生产的宝鼎炉在美国芝加哥世界博览会上获得一等奖，后来又在 1915 年的巴拿马万国博览会上再次荣获一等奖。此后，景泰蓝在国际上名声大振，各国纷纷抢购，出现一派繁荣景象。但景泰蓝行业在清朝晚期的这一繁荣景象只是昙花一现，很快又不景气了。

铜胎鎏金千手观音菩萨

（三）民国至解放前的景泰蓝

自 1911 年辛亥革命后，景泰蓝行业在机器工业发展的刺激和实业救国浪潮的推动下，也有了新的发展。民国初年，在国内市场上，水烟袋之类的实用品销量很广。同时，国外市场扩展非常迅速，美、英、法等国商人在北平设立洋行，争相购买景泰蓝，王府井大街上还出现了专为外国人代收景泰蓝的公司，例如当时王府井大街

铜胎掐丝珐琅缠枝莲托八宝双耳香炉

的仁立公司。

据海关出版的《中国进出口贸易统计月报》记载，景泰蓝出口总值1926年为106694海关两，1927年为148909海关两，1928年为163317海关两，1929年为223703海关两（当时1558元=1海关两）。从中可以看出景泰蓝出口量是逐年递增的，市场日益兴旺。

据资料记载，1923年至1924年间，老天利一家全年交易额达二十余万元，雇工三百五六十人，并时常雇用零散工，马立新街有其门市，上海、汉口等地还有分销处。由于老天利的工人多为散落民间且手艺精湛的珐琅艺人，因而出品基本继承了清朝时的工艺水平，底座上印有"老天利制"的铭文。

民国以后，北洋政府设有"印铸局"，当时也烧了很多景泰蓝，并在器上铸有"印铸局"字样。但这不是当时主流的生产机构，主流的生产主体仍是民间作坊。

1929年，民国政府在浙江杭州举办西湖博览会，出现了一时的繁荣景象。1930年至1935年间，是景泰蓝的出口盛期。当时北平的大小工厂、作坊有八九十家，著名厂商有老天利、杨天利、德兴成、达古斋等。产品除历代工艺品外，还流行素活,有鱼鳞纹、单丝蔓儿、洋花。掐丝工艺技巧更精细、规矩,有一定的装饰效果。

1931年私营作坊发展到了一百多家,从事生产的工人约两千余人,是1949年北平解放前景泰蓝行业最兴盛时期,产品在国内外有一定影响。但从生产规模来看,只有老天利、德兴成等少数几个作坊能生产全部的工序,大部分小作坊只能加工某一工序。

从1931年日本侵入东三省后,景泰蓝行业又处于停滞衰退时期。1937年中日交战后,北平沦陷,先是交通隔绝,国内市场减少,继而外销出口中断,

铜胎掐丝珐琅三足兽首香薰

铜胎掐丝珐琅神像兽耳香熏

这对景泰蓝行业来说无疑是致命的打击。一时间，工厂纷纷倒闭，工人转业，这是景泰蓝业有史以来最黑暗最恐慌的时代。

而后，国家动荡、经济萧条，景泰蓝制作也到了最低点。北京景泰蓝行业只剩下老天利、杨天利少数几个有点规模的企业。为压低成本，景泰蓝制作也偷工减料，胎骨又轻又薄，放入水中能够漂浮起来。人们把当时做的景泰蓝戏称为"河漂子"。

解放前夕，铜价不断上涨，珐琅成本不断提高，海运汇价昂贵，使得景泰蓝业奄奄一息，从业人员仅六十余人。

总的来说，民国至解放前这段时间，由于整个国家和民族处于生死存亡的时期，景泰蓝工艺及行业也基本上处于徘徊、低落的状态。这个时期的景泰蓝就风格而言没有什么自身的特点，沿袭的是清代的风格，而就其表现的内容而言，由于适应出口的需求，出现了一些洋人宗教用品和日常用品。

1949 年是北京景泰蓝业的一个转折点，中央政府组织相关专家和单位，开始了拯救景泰蓝的行动。从此，景泰蓝获得了新生。

三 景泰蓝制作工艺

景泰蓝有500多年的历史，可谓国宝"京"粹

（一）景泰蓝制作过程

我国著名作家叶圣陶曾写过一篇文章——《景泰蓝的制作》，里面详细地介绍了景泰蓝制作的几个步骤，为我们揭开了景泰蓝制作工艺神秘的面纱。

景泰蓝的制作工艺是一门综合艺术，是美术设计、雕刻、镶嵌、冶金、玻璃熔炼等技术与知识的融合。要制作一件精美的景泰蓝产品，需要经过设计、制胎、掐丝、点蓝、烧蓝、磨光、镀金等许多道工序才能完成，其中最为复杂细致的是掐丝和点蓝这两道工序。

设计：

包括造型设计、纹样设计、彩图设计等。由于景泰蓝纹样的线条受到胎型、丝工工艺和釉料的限制，过稀过密都不行，所以设计人员不仅要具备一定的美术知识和绘画能力，还要熟悉景泰蓝的制作工艺，了解各种原材料的性能，以便在创作构思时，充分考虑到制作工艺的特点，使产品具有和谐的美感。

制胎：

景泰蓝产品的造型美观与否，首先取决于"制胎"的工艺。制胎是将合格的紫铜片按预先设计好的图纸下料，经锤打、裁剪出不同的材料或切割成不同的形状，并用铁锤敲打成所需要的各式各样的铜胎，特殊的造型和精品，从头到尾，完全要用手工制作完成。以瓶子为例，它由瓶嘴、瓶肚、瓶座三段锤接烧焊而成型。明清时还有铸胎、剔胎、钻胎工艺，随着现代工艺技术的发展，现在部分初胎利用机械进行车、压、滚、旋，实现了机械化制胎。工艺大师张同禄经过上万次的试验，恢复了失传了的铸胎景泰蓝，用铜浇铸型的方法制作胎型后再掐丝、烧釉。这种景泰蓝的特点是，胎型厚重，器型复杂，除了烧蓝纹锦的部分外，一般露出的金面较大。这种金面一般都是用镏金方法镀金，作品

景泰蓝花瓶的造型多姿多彩

景泰蓝艺术品造型各异，风格独特

更加光彩灿烂、金碧辉煌。

掐丝：

制作好铜胎后，接下来就是掐丝工序，掐丝的方法是用镊子将事先做好的柔软、扁细并具有韧性的紫铜丝，按照设计好的图案，用手掐、掰、弯、折叠、翻卷成各种纹样，然后蘸上白芨或糨糊粘在铜胎上，工艺过程十分复杂。掐丝工艺，技艺巧妙，全凭操作者的一双巧手和纯熟的技艺，掐饰出妙趣横生、神韵生动的画面，这绝非易事。解放后，掐丝艺术有了很大的进步。北京景泰蓝掐丝老艺人，各有特长，如李庆禄的"游虾"、石万才的"古代人物"、汪宝诚的"菊花"、陆玉岗的"博古"和

"人物"等，都有较高的艺术水平。

点蓝：

经过掐丝工序后的胎体，再经烧焊、酸洗、平活、整丝等工序后，便可进入点蓝工序。所谓点蓝就是艺师把事先备好的各种珐琅釉料，依照图案所标示的颜色，用铜丝锤制成的小铲形工具，一铲一铲地将珐琅釉料填充入焊好的铜丝纹饰框架中。解放前，景泰蓝的点色呆板单调。解放后，运用渲染、罩染、烘染、剔染等技法，扩大了景泰蓝点蓝艺术的表现力。为了表现形态多变的云、水、雾，以及水中倒影等，点蓝艺人和掐丝艺人共同创造了无丝点晕法。即掐出高矮不同的丝工，点晕以不同的釉色，使这些釉色自然连接，经过烧结后，高丝露出而矮丝含在釉下，增强了铜胎和釉色的密着力，使作品的图案纹样更为丰富多彩。

景泰蓝的制作工序复杂繁多

烧蓝：

将整个胎体填满色釉后，拿到炉温大约800℃的高炉中烘烧，色釉由砂粒状固体熔化为液体，待冷却后成为固着在胎体上的绚丽的色釉，此时色釉低于铜丝高度，所以得再填一次色釉，再经烧结。如此反复两次至三四次，才能将釉面与铜丝相平，这样就使器皿披上了华丽典雅、五彩缤纷的漂亮外衣。

磨光:

俗称"磨活"。这是整个景泰蓝生产工序中最苦最累的一道,分为刺活、磨光、上亮等程序。首先要用金刚砂石把产品表面高出铜丝部分的釉料磨平,使铜丝显露出来,凡不平之处都需要再补釉烧熔,然后用黄石磨去釉料上的火亮、黑丝,如有不平之处,仍要用釉料补上烧好,再用椴木炭蘸水横、竖再磨,直到产品发出均匀的亮光为止。现在一般采用电动磨活机,节省了大量的人力,但异形产品仍需要使用手工磨活。

优美的色釉使景泰蓝呈现出如锦似绣的艺术效果

加上硬木底托的景泰蓝更显雍容华贵

镀金：

这是景泰蓝生产工艺中最后一道主要工序，是为了防止产品的氧化，使产品更耐久、更美观而在产品的表面镀上一层黄金。将磨平、磨亮的景泰蓝经酸洗、去污、沙亮后，放入镀金液糟中，然后通上电流，几分钟后黄金液便牢牢附着在景泰蓝金属部位上了。反复几次直到没有黑丝为止，完成后取出再用清水冲洗干净，然后用锯末蚀干。整套的景泰蓝生产工序便宣告完成，一件斑斓夺目的景泰蓝便脱颖而出了。

镀好金的景泰蓝再配上一座雕刻得玲珑剔透的硬木底托，更能显出景泰蓝雍容华贵、端庄秀美的姿色。

（二）景泰蓝的艺术特色

我国历史悠久的传统工艺美术促进了景泰蓝民族风格的形成。景泰蓝继承并汲取了青铜艺术、金银错镶嵌艺术、陶瓷、织锦刺绣艺术的精华，构成了绚丽多彩、富有民族气息的艺术风格。

在明代宫廷建筑艺术与帝王们的豪华生活影响下，景泰蓝产生了绚丽多彩的效果。在明清两代的五百多年的时间里，景泰蓝逐步形成了富丽堂皇、精美典雅、绚丽多彩的民族风格。明代景泰蓝的风格是浑厚有力、自然豪放、简朴典雅。清代景泰蓝的风格则是鲜明、华丽、清秀、雅致。

1. 传统造型的继承与发展

明代的景泰蓝制品以宣德、景泰时期为代表。从造型上看，它端庄、朴实、粗犷、豪放。清代景泰蓝制品以乾隆时期为代表，其造型清秀、幽雅，器皿的类型比明代更丰富。明清景泰蓝器皿造型风格虽然各有不同，但它们基本是从模仿青铜器和瓷器造型开始，并在此基础上发展而来。

景泰蓝器物在具体组合中非常注意节

景泰蓝器皿的耳、足、盖造型构成了一个有机的整体

富有韵律感的造型极大地增强了景泰蓝的艺术性

奏的变化，在造型处理上还注意到力的均衡关系。景泰蓝造型由于工艺制作特点，往往在口部、底部或两个形状焊接部分都形成了一条条宽窄不等的金属边。这一工艺上的特点都被非常巧妙地利用，成为器皿装饰的一种花边形式，成为器皿设计的一个组成部分。

景泰蓝器皿的耳、足、盖是整个造型有机的组成部分。它们虽都是些装饰配件，却都刻有很精致美丽的纹饰，起着丰富、美化整体的作用。有足的景泰蓝器皿用象及象头作装饰的较多。象是吉祥的象征，也有用别的兽形作装饰的。在明景泰蓝中还可以看到一种用人形作足的，这些人像

造型完美的景泰蓝只有通过精湛的工艺制作才能达到

的造型及服饰不太像中国人，卷头发、大胡子、高鼻子、大眼睛，头上裹有布条，似乎是阿拉伯人。

景泰蓝在明嘉靖时期创造了以动物为造型的熏炉，此后清代以鸟兽作造型的制品也不少，如仙鹤、犀牛、水牛、鹿等，将自然的动物形象加以艺术加工，特征鲜明。

2. 工艺制作与技巧

完美的景泰蓝造型只有通过精湛的工艺制作才能达到。明代宫廷工艺品的生产制造，绝大部分由内务府掌管，下设的许多工场和作坊统称御前作坊。清代在内务府下设造办处，内设专门制作景泰蓝的作坊。作坊内分工精细，工匠手艺比较高超，所制作的产品精致厚重。每个制品上都要刻上当朝皇帝的年号，如"大明宣德年制""大明景泰年制""乾隆年制"等字款。

瓶体上彩蝶翩舞，如锦似绣

明清时期景泰蓝工艺技术相当成熟，除品种造型多样外，还能制造比较大型的制品。清乾隆时期不仅制作了近两米高的大型法器，还制作了约三米高的大佛塔。在丝工方面，明代的金属丝比较粗，宽窄不匀。清代的金属丝显得更为细匀。这是由于采用了不同原料、不同技术而形成的。清代采用纯铜拔丝技术，将纯铜切割成细条，细铜条穿过铜板上锥成的小孔，拉拔成均匀的细丝。

在烧制釉料方面，明代景泰蓝制品釉料表面砂眼比较多，清代制品砂眼有了很大程度的减少。在镀金工艺上，明代景泰蓝制品镀金比清代灿烂、匀实、牢固。有的制品保持到今天仍然明亮如故。在磨活工艺上，清代比明代要高明，尤其后来创造了简单的脚踏磨活机，磨出的活精细、滑润。此外明代往往过量地使用焊药，过多的焊药会渗入到珐琅釉里，引起釉料变

化褪色，这也是明代工艺制作上的一个不足之处。

3. 题材及处理手法

在题材方面，明清景泰蓝内容比较广泛。宣德年间制品上的图案有菊花、蕉叶、饕餮、缠枝莲、花鸟。到景泰年间新出现了葡萄、火焰、云鹤、狮子戏球、龙凤、山水、亭台楼阁、人物、鱼虫、果实等。清代除应用上述题材外，以八宝吉祥图案为题材的也不少。宣德、景泰年间的景泰蓝制品还常用一种类似波斯菊的纹样作装饰，这种菊花纹样起初常被用来作主体装饰，后来渐渐地只被用作不太显著部位的装饰。

明嘉靖时期，景泰蓝出现了一些朴素生动富有乡土气息的题材。如南瓜灯台，是仿南瓜造型做的台灯，瓜为灯体，枝蔓、瓜叶、小瓜曲折巧妙地穿插缠绕成灯柱、灯座，制品生动可爱，富有情趣。乾隆时期制作的花蝶天球瓶，题材是百花盛开、蝴蝶起舞，画面清秀典雅，如锦似绣，春色盎然。

明清景泰蓝制品上的缠枝莲图案，经常熟练地被装饰在各种造型的主体及其他各个部分。缠枝莲图案是以饱满盛开的花为纹样，花头综合了莲花、牡丹花、

精美典雅、富有民族风格的景泰蓝作品

以龙凤为内容的景泰蓝作品

菊花的特点，四周环绕枝叶，有梗有叶，繁简得当。这种图案最初是随佛教从外国传入中国的，在唐代已作为多种工艺品上的装饰。至宋代和明代，缠枝莲在织锦上运用已很普遍。明代景泰蓝的缠枝莲风格结构主要是从织锦图案发展而来的。

明清景泰蓝中被普遍应用的另一类图案是蕉叶八字码花边。它主要用作器皿口、底部位收敛画面的花边装饰，起到使制品图案完整稳定以及衬托主题的作用。明清景泰蓝蕉叶纹样是多种多样的，在具体应用中，根据造型主题的需要进行周密的设计与安排。

开光和锦地处理常被用作突出景泰蓝主题的一种手法，也是工艺的需要。明代晚期景泰蓝蓝地背景上开始出现了锦地装饰，有方格锦、云纹锦、回纹锦、连环钱锦、菱形锦等。清代锦地的应用更加普遍了，种类也有了很大的发展。乾隆时期广泛利用锦地衬托山水、花鸟、人物等主题。景泰蓝的表现手法还追求绘画、刺绣、缂丝等艺术效果。

4. 釉料色彩的运用

独特的色调，优美的色釉使明清景泰蓝产生了如锦似绣、绚丽多彩的艺术

雕刻玲珑的底座烘托出景泰蓝的高贵气质

效果。明代初期，尤其是景泰年间，景泰蓝釉的色泽比较优美，沉着浓郁，有蜜蜡的质感。

从明清景泰蓝制品上所敷的釉料分析，宣德年间的釉料品种有：钴蓝、宝蓝、鸡血红、黄白、墨绿等。制品常以蓝色釉作地，少数也有以白色为地的。景泰年间的蓝色釉有钴蓝、天蓝、宝蓝、带玻璃状透明的普蓝、粉青色；红色釉有鸡血红、紫红、桃红、磅石色及玻璃状透明的茶色；绿色釉有墨绿、草绿、蓝绿、粉绿、淡绿。其次还有黄、白、紫晶色，透明玫瑰紫、葡萄紫色等。明景泰蓝大都以钴蓝、天蓝釉作地，也有以白或普蓝釉作地的。配色

以花蝶为图案的景泰蓝作品

简练大方，变化不多。明代的钴蓝釉是一种非常优秀的颜色，其明亮度、纯度在以后任何时期再也没有达到过，带有这种釉色的制品本身可以充分证明它的制作时期。正是这种蓝的优秀品质，使景泰蓝扬名四海。

从制品色釉变化来看，我们可以判断出景泰年间在釉料种类及质地方面不断地进行着改良，如一些新釉料的出现，一些釉料光泽度的增强，还有不少釉料比以前显示出更加晶莹夺目的玻璃质感等等。为改变某些釉色的混浊灰晦的缺点，工匠们常常将不同的两种或两种以上釉料进行混合，如一种深绿色釉的出现改变了墨绿釉色混浊发黑的状态。掺混釉料的方法增加了釉色品种，改变了一些釉色的缺陷。当然其中明显颗粒状影响了色釉的美观，不过也有少数釉的结合获得了成功，如制品上出现的小面积漂壳的淡绿、湖绿色釉中的颗粒状就不太容易被觉察出来了。

明代在色釉配置上，常在一片叶子、一个花蕾上点有两种或三种色釉，然而这几种釉料界线分明，并不互相渗透。

清代釉料比明代的细腻滑润、鲜明。不足的是显得单薄而粉气，不如明代的釉

口部的金属边成为景泰蓝装饰的花边形式

色彩典雅、清新大方的景泰蓝制品

色浑厚优美。釉的种类除了保持明代的多种色釉外,还创造了纯洁漂亮的粉红色釉,以及黑、淡紫、褐色等釉。粉红釉是加入金子提炼成的一种优秀釉料。清代淡绿色釉比明代的质地要好,釉里再也看不到小颗粒,只有草绿色釉还略带少许颗粒。在制品釉色配置上,也有在一片叶或花上施有两种釉料的,能够自然地晕染渗透,效果比明代的好。

景泰蓝的釉料虽然种类不少,但常用的不外乎蓝、红、绿、黄、白几种。中间复合色的釉色比较少,如果是作一张画,这五种颜色配得不当就很难达到调和的效果。明清聪明的工匠们却利用这五种颜色出色地创造了富丽堂皇、沉着典雅、具有独特风格的景泰蓝工艺品。他们巧妙地采用艳丽鲜明的钴蓝、天蓝作大面积底色，以红、黄、绿、白色小面积地穿插在蓝地上，产生了鲜明跳跃的色彩效果。胎面上掐的金属丝在强烈、鲜艳的色釉上如国画白描中的勾勒一般，使这些对比着的颜色协调统一起来。

总之，在色彩运用上，明代比较注意大的色调关系，用色简练大方。清代用色细腻素雅，某些制品色彩多达十种以上，过于细腻，而且分布过均，不免有琐碎的感觉。在清代制品中，常见的色彩是粉红及黑色，晚清不少制品还采用黄色作地。

完美的景泰蓝作品只有通过精湛的工艺才能达到

花鸟是景泰蓝制品中比较常见的图案

景泰蓝工艺的艺术特点可用"形、纹、色、光"四个字来概括。一件精美的景泰蓝器皿，首先要有良好的造型，良好的造型取决于制胎；还要有优美的装饰花纹，这产生于掐丝；华丽的色彩决定于釉料的配制；辉煌的光泽完成于打磨和镀金。所以，景泰蓝是集我国传统工艺中造型、色彩、装饰方面的优秀传统为一体的一种特殊工艺品。

四　景泰蓝的造型、品种和花色

景泰蓝造型丰富多样，品种千姿百态

自从产生、发展到现代，经过了五百多年历史的创造和积累，景泰蓝造型繁多，品种千姿百态，花色更是琳琅满目。

（一）景泰蓝的造型和名称

历代景泰蓝工匠创造和积累了极为丰富的景泰蓝造型样式，其中比较典型、特征比较明显的造型都确定了自己固定的名称。景泰蓝造型众多，它的基本样式从古至今比较常见的有器皿类、仿生类、首饰类、家具类及配衬杂件等等。即便在同一类的造型中，又有千差万别的样式和花色。每一种造型的花色都有具体的品名。景泰蓝造型及其名称的确定，大致有如下几种：

1. 直接从青铜器、陶瓷器引申借用。景泰蓝造型很多是仿制青铜器、陶瓷器或宣德炉，甚至是照搬这些器具的造型，只是在胎体上施以丝工纹样和点填釉料，使之符合景泰蓝工艺的特点。比如青铜器的鼎、爵、尊、罍等造型，陶瓷器皿中的壶、盖碗、梅瓶、观音瓶、高足杯、花插等造型，在景泰蓝造型中屡见不鲜。此外，模仿宣德炉的作品也常有。

造型高贵典雅的景泰蓝花瓶

2. 从造型和纹样的基本特征来确定。如展现长城壮观雄伟的长城瓶，以革命圣地延安为主题纹样的圣地杯，塑造战国时李冰千古流芳之水利工程的都江堰大瓶，讴歌工业飞速发展、我国钢产量跃居世界前列的钢花瓶等。

3. 从造型的整体结构和丝工纹样来命名。如孔雀壶、鸟杯等。

4. 从造型模仿的形体而得名。如金地葫芦瓶、南瓜盒、瓜型瓶等。

5. 从造型样式的形体变化特征而得名。如六棱面体造型的六面封相瓶、扁意、荷叶碗等。

6. 根据造型固定样式的数目、尺寸而来。如套二椒面罐、十寸瓶、八寸盘等。

7. 以相同手工艺产品命名。如景泰蓝首饰有手链、串珠、戒指等。

8. 通过用途而得名。如乒乓球赛冠军杯、笔筒、印泥盒、痰盂等。

9. 因模仿动物造型而得名。如景泰蓝羊、犀尊、怪兽、唐三彩马等。

（二）景泰蓝的花色品种

产品的造型、纹样、色彩等一般被称为花色，其类属被称为品种，花色品种则泛指式样繁多的产品种类。经过多代艺人的创造，在吸收古代青铜器、陶瓷器、漆器、家具以至金银钿工等器物的造型，同时汲取丝绸、织毯、缂丝、

一件精美的景泰蓝制品需要许多道工序才能完成

织锦以至国画等优秀纹饰构图、色彩运用的基础上，景泰蓝的工艺技术和材料不断创新，呈现出了千姿百态的花色品种。依照行业内传统的分类方法，景泰蓝的花色品种大致分类如下：

1. 器皿类

景泰蓝业将瓶、罐、盘、杯、碗、盆、盒等器形的产品，一般都归入器皿类。这是景泰蓝产品中占比例最大的类别。

瓶类

一般指口小，腹大，体修长的容器。景泰蓝瓶大多为陈设观赏品，时代不同，其造型也各异，有些是从陶瓷造型直接吸纳而来，有些则是景泰蓝艺人创造的。新中国成立以后，景泰蓝行业有了专职设计人员，设计出了一大批新的造型。具体花色品种有：观音瓶、三线观音瓶、捅子瓶、三线桶子瓶、小口瓶、银黄瓶、油锤瓶、海棠瓶、海棠观音瓶、仿瓷瓶、洗子口盖碗瓶、庆春瓶、金地洗口瓶、灯笼瓶、盖碗瓶、长春瓶、绣菊瓶、景梅瓶、鹤鹅瓶、六线瓶、花丽瓶、梅瓶、双耳瓶、胆瓶、葫芦瓶、金地葫芦瓶等等。

罐类

不同的用途，具有不同的形式，多作装饰，以明清时期制品最为丰富。景泰蓝罐类的器皿造型，有的是直接来自传统，

雍容华贵的景泰蓝花瓶

有的是自行创制。具体花果盒、石榴盒、转轴盒、梨盒、金地梨盒、南瓜盒、西瓜盒等等。

洗

俗称"洗子"，古代盥洗用具和文房用具的统称。景泰蓝器物中大多数为笔洗，具体花色品种有：观音瓶洗、捅子瓶洗、小口瓶洗、三指甲洗子等。

花盆

景泰蓝花盆又叫做套盆，即在陶瓷质地的花盆之外，套饰用的盆具。具体花色品种有：长方形花盆、六棱形花盆、四方

清代的景泰蓝玉兰菊花洗

形花盆、圆形提梁花篮式盆、菱花形花盆、葵花形花盆、海棠式花盆、龟锦花盆、荷叶边花盆等。

鱼缸

造型多为敛口，圆腹，有钵缸之称。大者可养鱼，小者置之案头可作清供之用。景泰蓝鱼缸最突出的代表作是1959年由北京景泰蓝工厂薛丰年设计的数件大鱼缸。其中一对"金鱼荷花缸"，直径为78厘米，鱼缸的两侧有和善可爱的狮子头衔环形象作为立体装饰。这对大鱼缸自1959年北京人民大会堂建成后，曾长期陈设在大会堂内。

此外，在景泰蓝器皿类中，还有为文

以龙为装饰图案的景泰蓝花瓶

房四宝配套的器具，如砚匣、笔筒、笔挂、笔架以及作为装饰用的各式花插。

2. 家具类

家具，即家用的器具。家具一般多以木材为主要材质。所谓景泰蓝家具，大多是指传统高档家具的结合物或衬饰件。例如北京硬木家具、金漆镶嵌家具，结合了景泰蓝工艺，增强了装饰效果及艺术感染力，主要为当时的宫廷及富豪人家所选用。明代的御用监、清廷的造办处，都曾广搜天下珍贵木材，汇集南北名师巧匠，为宫廷服务。具体花色品种有：在桌面、椅面、床面等部位配置的景泰蓝制成的平面；在桌、椅、床、柜等家具上施以的景泰蓝包角；柜门上的合页等。

精美的景泰蓝绣墩

绣墩

古代家具，又称"坐墩""鼓墩"。其造型犹如古代的鼓，多为圆形，色品种有：捅子罐、排子罐、观音罐、西瓜罐、金地石榴罐、豆香罐、金地狮顶罐、洗子罐、金地灯笼罐、灯笼罐、向阳罐等。

盘类

一种口径大、器身浅而平坦的盛器，式样丰富，有敞口、撇口、洗口、卷沿、折沿、板沿、折腰式、葵瓣式、莲瓣式、菊瓣式、方形窝角式、荷叶式和花形攒盘等。景泰蓝盘类的具体花色品种有：圆盘、荷叶边盘、花边大圆盘、圆边大沿盘、三足盘、指甲盘等。

壶类

有孔雀壶、风壶、温壶、金胎壶、茶壶等。

杯壶

指体积较小，腹壁略深的小碗式造型。景泰蓝杯类的具体花色品种有：酒杯、高足杯、文华杯及各种奖杯等。

碗类

是一种敞口而深的饮食用器。景泰蓝

掐丝珐琅龙凤纹菱口盘

碗多为供陈设的观赏品。具体花色品种有：敞口碗、平口碗、荷叶碗、圆边碗、花边碗、盖碗等。

盒

一种由底、盖组成的盛器。具体花色品种有：按用途分，有香盒、粉盒、药盒、镜盒、食品盒等；按形制分，有圆形、长方形、八角形、瓜形、石榴式、桃式、双马式、方胜式、银绽式、梅花式、窝角式、菊瓣式、筒式、蛙式、鸳鸯式等；还有大盒内套装小盒的，称"子母盒"。此外还有的腹部大，上下小。因其上常铺以锦绣，俗称"绣墩"。一般在金漆镶嵌或硬木制成的绣墩上嵌上景泰蓝面。

踏脚板

旧时在床或坐具前设置有踏脚用的板子，是承托双足的小型家具，又称"承脚""脚踏""踏床"，比一般椅子等坐具宽大些，其面为平板，下托横档。平板及横档的四腿角包角用景泰蓝制成，故宫博物院有收藏品。

梳妆箱

是妇女存放梳理和化妆用品的小箱子，还有制作精巧专供存放金银首饰与珠宝的百宝箱，俗称百饰箱的器具，也结合了景泰蓝镶嵌工艺。

结合景泰蓝工艺较大的家具是屏风，

景泰蓝的艺术特点可概括为形、纹、色、光

是古时建筑物内部挡风用的一种家具。现代主要用于遮蔽和间隔空间，同时也用它来美化环境。有座屏、折屏、挂屏以及形体较小放置案头的插屏、台屏等。屏风上有的选用景泰蓝台页、包角，围屏的屏芯镶嵌景泰蓝画面做装饰，此外还有楹联、台镜等。

3. 仿古类

景泰蓝仿古类制品，一是仿青铜器的造型，二是仿古立体兽，三是仿佛教供具。

仿青铜器的花色品种主要有：提梁卣、鼎、壶、垒、爵、编钟、花觚、豆、尊等。景泰蓝结合自身工艺及原材料特点，大多是仿青铜器的造型以及纹饰，进行再创作。

造型古朴大方的景泰蓝作品

景泰蓝的造型、品种和花色

如双龙瓶、周期罍、永谊尊、龟尊、鸠尊、牺尊等。

仿古立体兽的花色品种主要有：仿唐马、仿唐骆驼、蹲狮、卧羊、牛、犀牛、怪兽、犬、大象、仙鹤等。此外有许多仿古立体兽通过变形、夸张后又成为器皿的，如盒、罐等。

佛教供具的花色品种主要有：供陈设用的香炉。景泰蓝炉大多为仿宣德炉的造型，主要有高颈炉、太轩炉、双龙万年炉、金地炉、宝晶炉、三足炉、四足炉、巨烟炉、如意炉、翅炉、熏炉等。五供，是祭把用的陈设实用品，包括一个香炉、一对烛台、一对花瓶以及组合蜡台等。塔，是

景泰蓝三足鼎式熏炉

大型的景泰蓝陈设品，习惯称"佛塔"，先是分节制作，然后再叠在一起，陈设在宫内佛堂等处，民间极少见到。

景泰蓝图案古朴典雅、高贵大方，艺术价值很高

4. 灯具类

灯具，是人类发明电以后开发出来的景泰蓝新产品。主要花色品种有：

台灯。有玉兰台灯、双喜台灯、蝶花台灯、瓜形台灯、三明台灯等。还有用景泰蓝瓶改制成的各种瓶式台灯。

景泰蓝套灯。是现代装饰灯具，采用传统的景泰蓝工艺，吊灯中心托盘上的景泰蓝图案古朴典雅，当周围的灯齐亮时，中间的图案十分突出，即使不开灯，也不失为一件具有欣赏价值的艺术品。整套灯饰均饰有景泰蓝图案，华丽端庄，具有强

景泰蓝的造型、品种和花色

景泰蓝花色、品种繁多，艺术风格各异

烈的民族风格。

5. 首饰类

首饰是一种装饰外表的工艺品。景泰蓝首饰的花色品种主要有戒指、手链、项链、儿童长命锁、铃铛链等。

6. 杂项类

所谓杂项类，是属于各种归类之外的零星花色品种，主要有各式彩蛋、鼻烟壶、挂盘、炭盆、烟灰缸、餐巾箍、牙签盒、脸盆、腰刀、相框、圆珠笔、电话机等等。

随着时代的发展、工艺的进步，将会有越来越多的景泰蓝制品被创造出来。

五　景泰蓝的鉴别

景泰蓝制作工艺复杂，技法考究

从古至今，景泰蓝一直是我国传统的出口工艺品，日本的"七宝烧"就是仿制我国的景泰蓝工艺，它的釉色十分亮丽，但是釉中不带掐丝。还有一种容易与景泰蓝相混淆的工艺，看上去和景泰蓝没有什么区别，称之为"烧蓝"或者"烧瓷"，只是釉面上不掐丝，也是北京生产的传统出口工艺品。烧蓝的胎较厚较重，加之绘有民族风格的图案，使烧蓝的价格会更高一些。

景泰蓝工艺从古至今一直没有断过，且产量越来越大，导致现在市场上能见到的景泰蓝绝大多数为新工艺品。采用新工

景泰蓝的鉴定是一门高深的学问

艺制造的景泰蓝价格都不是很高，其最根本的原因就是批量化生产，不太讲究工艺质量，只有少数的景泰蓝制作工艺讲究、掐丝细腻、釉面光亮、色彩鲜艳而明亮。旧的景泰蓝市面上已经很少能见到，所能见到的大多为清代晚期。

说到明清景泰蓝的鉴定，主要指的是明代。虽然明王朝离我们现在不过数百年，但要对那个时代的景泰蓝制品作鉴定也并不是一件容易的事情。鉴定一件景泰蓝制品，主要有以下三种方法：第一，对文献史料的考据；第二，科学的检测手段；第三，时代风格的比较。

景泰蓝的鉴定是一门高深的学问

景泰蓝的鉴别

景泰蓝融合了我国传统工艺的技法和表现形式

限于篇幅，现仅从明清景泰蓝制品不同时代风格的比较，来分析一下有关于明清景泰蓝的鉴定知识。

（一）款识

现存明清二代景泰蓝的款识形式，归纳起来，大致有铸錾、掐丝和刻款三种。现按照历史沿革，并以明代为重点，介绍一下其款识特点。

明代宣德时期景泰蓝的款识形式，有铸錾款、双勾款和用珐琅釉烧成三种。款识字体有楷书和篆书两种，其中以楷书占绝大多数。字数有"宣德年制"、"宣德年造"四字款和"大明宣德年制"六字款。款识排列形式有直单行、直双行、直三行及横排。这一时期的款识所处的位置有的在器底，也有的镌刻于器物的口沿、盖沿或器内边缘处。款识字体庄重隽秀，与同时期的金属器和瓷器款识风格相近。

明代景泰年间的款识形式多种多样，风格各异，不过其中绝大多数为伪款、伪器。关于这一点，已经在上文"明代的景泰蓝"一节中有过详细论述，这里不再赘言。

明代嘉靖时期的款识形式是刻阴文直

鉴定景泰蓝制品应从多方面考究

二行"大明嘉靖年制"楷书六字款。明万历时期景泰蓝制品的款识形式为双勾掐丝款（有的字内外填充珐琅釉），字数均为"大明万历年制"或"大明万历年造"六字楷书款。尤以某年造为这一时期所特有的款识语气。字的排列顺序为直单行、直二行或横排。

清朝各代景泰蓝制品的款识形式多种多样，制款方法有铸錾、刻，另外还有镂空款等等。款识字体包括楷书、篆书、仿宋体（始见于乾隆时期）等，其中以楷书居多，字数为四字和六字，框栏形式多为正方形框和长方框。

历代能工巧匠丰富了景泰蓝的造型

（二）胎骨与型制

明清两代景泰蓝制品，在胎骨和型制方面发展的总趋势是：明代早期的器胎胎骨略厚，到中晚期日趋变薄。清代则从康熙时起，胎骨厚重坚实，到清末变薄。明代景泰蓝器物的掐丝常有断裂的现象，到了清代由于铜质精纯，烧制和打磨的技术不断提高，这种现象基本消失。明代景泰

纹饰图案是鉴别景泰蓝制品的重要参考条件之一

景泰蓝制品的体积和型制随时代
的发展而变化

蓝镀金较薄，常有磨脱现象，而清代景泰蓝，尤其是乾隆时期，镀金非常厚重，镀金技术远远胜过明代，至今器物的镀金仍旧光彩照人，正所谓"圆润坚实、金光灿烂"。

明清景泰蓝制品的体积和型制的发展，是从小到大，从简单到繁复，从陈设、祭祀到观赏实用的。

明代器物上的铜镀金装饰简练，一般只是作为整体器物的点缀，主要是为了突出整体器型和珐琅花纹。器物的型制以陈设、祭祀性用途居多。明万历时期出现的甪端香薰，可作为划分明代景泰蓝早期和中晚期的标准器。

清代景泰蓝器体体积，从康熙时期开始逐渐增大。铜镀金装饰繁复，到了乾隆时期更为突出。器物型制复杂多样，用途广泛。

（三）纹饰图案

明清二代的景泰蓝制品，在纹饰图案方面，经历了一个由简练到繁复的过程。明清景泰蓝的图案装饰品种繁多，宣德年间制品上的图案有菊花、蕉叶、饕餮、缠枝莲、花鸟。到景泰年间新出现了葡萄、火焰、云鹤、狮子戏球、龙凤、山水、亭台楼阁、人物、鱼虫、果实等。清代除了上述图案外，还有不少八宝吉祥的图案。现仅以缠枝莲纹为例，说明其演变过程。

景泰蓝与雕漆、玉器、牙雕并称为北京工艺品的"四大名旦"

景泰蓝人物像

缠枝莲纹是我国古代一种传统的装饰花纹，在唐宋时就很流行，到明代更趋成熟。缠枝莲纹一直是作为明清两代景泰蓝的主要装饰图案。元末明初的缠枝莲纹，布局疏密有致，大花大叶，枝蔓伸展坚强有力，全部单线勾勒图案线条。枝叶呈串联状，并点缀数朵盛开的花朵，花朵饱满，花瓣短而肥，花心常常呈桃形。明代中晚期的缠枝莲纹，开始以双线勾勒轮廓线，布局趋于繁缛，但这时还保留有一些早期的余韵，缠枝莲的花瓣趋于瘦尖，花心常呈"圭"字形或如意形。清代的缠枝莲纹，拉蔓弯曲，布局繁密规整，极具图案性。基本都以双线勾勒轮廓线，明代那种洒脱的韵味不复存在。

（四）珐琅釉料

元末及明早期的景泰蓝，通常以浅蓝

景泰蓝仿古立体兽——牛

色作地，间饰红、黄、白、绿、紫、深蓝等色釉，釉质细腻，色调纯正，鲜艳明快，透明得就像水晶一样。

从明朝宣德晚期开始，釉料变得灰暗，光泽度降低。这一时期的景泰蓝底色，除浅蓝色外，宝蓝色使用非常广泛。到了明万历年间，更出现了淡青、白等中间色地。釉色有所增加，新出现了赭红、豆青、松石绿等色釉品种。

清代的珐琅釉料品种丰富，所用色釉多达几十种，其中还有些品种来自国外，但都有一个共同点就是不透亮。

景泰蓝的表面，时常有砂眼（又称气泡）现象，之所以造成这种现象，是由于

釉色丰富、釉质细腻的景泰蓝人物像

景泰蓝人物像

景泰蓝人物像

珐琅釉料中的硼酸盐量过高和烧制过程中的氧化还原作用。为了弥补这一缺陷，明清两代的景泰蓝艺人常用"蜡补"的方法来解决。所谓"蜡补"就是用石蜡加入所需要的色粉，制成色蜡，填充于砂眼之中。明清两代的景泰蓝制品，以明代中晚期蜡补现象最为严重。到了清代乾隆时期，景泰蓝艺人受瓷器釉料制作的启发，在珐琅釉料中加入瓷土，并减少硼酸盐的用量，杜绝了砂眼现象的发生。

蜡补这种珐琅器的补救措施，后来曾被用作仿制景泰蓝的一种方法。"所谓伪

制者，即不以珐琅而以他颜料代之也。其伪制方法，即先将铜器制轨，再用铜丝圈作花纹，以颜色填入而烧之"。

但是，如果我们仔细观察，便能发现其真伪。首先它的表面没有砂眼，而珐琅釉面或多或少都有一些微小的小孔。其次，它容易沾灰，并且没有珐琅釉料那种温润光泽。

以上对明清景泰蓝制品，从款识、型制、纹饰、釉料等几个方面，进行了简单的比较分析，如果再纳入对史料的考证和科学的检测手段，对明清景泰蓝制品进行

景泰蓝展示

景泰蓝人物像的制作颇见功力

鉴定就不是难事了。

至于那些仿制的似是而非的景泰蓝制品，无论在材料质地和艺术风格上，均无法与明清制作的景泰蓝相提并论。如果熟悉并掌握了明清两代景泰蓝的制作、材料以及艺术风格特征等方面的知识，一望便可断其真伪。

六 景泰蓝的收藏与保管

（一）景泰蓝的收藏

景泰蓝是我国传统的工艺品，以它那金碧辉煌、晶莹剔透的风格特点，赢得了人们的喜爱。今天，景泰蓝已成为我国一种著名的工艺品，为世人所瞩目，它作为一种贵重而华丽的工艺品，被列为古代工艺品的收藏之列。近年来，随着人们收藏范围的扩大，景泰蓝珍品的艺术价值受到了越来越高的重视。

我们所指的景泰蓝收藏当然不是指当代和近代大量采用机器等先进生产工具制作的产品，而是指晚清和晚清之前用手工制作的景泰蓝。因为景泰蓝的工艺繁复，必须经过锤胎、掐丝、填料、

景泰蓝是我国传统工艺品中的一朵奇葩

栩栩如生的景泰蓝蛟龙

烧结、磨光、镏金等多项工艺，每项工艺都要求极高，稍有疏忽，就会前功尽弃。尤其是造型奇特的景泰蓝，如人物、走兽、各色的瓶件等，制作难度很高，非一般工匠可完成。所以说，一件上档次的景泰蓝产品制作所耗费的人力物力，都是不可估量的。

其次，景泰蓝用料昂贵，其胎以铜为主，亦有用金、银为胎的，珐琅釉多系进口的天然矿石、宝石加工提炼而成，最后的镀金工艺耗金量也很大。景泰蓝的用料和制作工艺构成的成本，比之明清瓷器要高出许多倍。

再次，景泰蓝虽然硬，但是珐琅很脆，

博古架上的景泰蓝作品古韵十足

景泰蓝的艺术价值和收藏
价值都很高

具有较高观赏价值的景泰蓝碗

易碎且无法修复还原。近年一些大型古玩商场和拍卖公司中出现的明清景泰蓝，大多都是从欧洲倒流回来的。稀少的存世量和广阔的市场需求形成了一个明显的增值空间。

收藏景泰蓝以明代的制品为佳。凡是明代的景泰蓝制品，它的质料都是透亮而不发磁的，它的性能与玻璃差不多，尤其是大绿一色，比其他颜色更为透亮，它的颜色像油绿的翠玉，红色像昌化的鸡血，紫色犹如深色的旧紫晶，蓝色类似于蓝靛，白色类似凝脂，浅绿色发蓝，黄色与姜中拧出的浆汁略掺黄米相同。明朝景泰蓝的丝胎皆是黄铜，镀金为大镀，它的器物上均有砂眼。到了乾隆时期，无论何种颜色，

如今，景泰蓝为越来越多的人所喜爱并收藏

它的釉料都是不透亮的，因为明代透亮的料子，到此时已经见不到了。清朝景泰蓝的丝胎多为红铜，它的镀金是火镀。乾隆时期所制的，以黄白两色为最佳，其黄色黄而发干，与煮熟的鸡蛋黄相同，后来仿制的，多是黄中发绿或发红，与乾隆时的干黄色不相似。乾隆时期的白色也最难仿制，因为这种白色很特别，仿者必须要用六品顶珠制成，然而六品顶珠是不容易得到的；其次这种白色白而且干，后来的作料家虽然也发明了一种干料，但烧时不易熔化，相比于其他材料，吃火特别厉害，如果不是精良的工匠制作，器物非常容易受损伤。

沈阳故宫古代文化展览中的清代珐琅景泰蓝瓷器

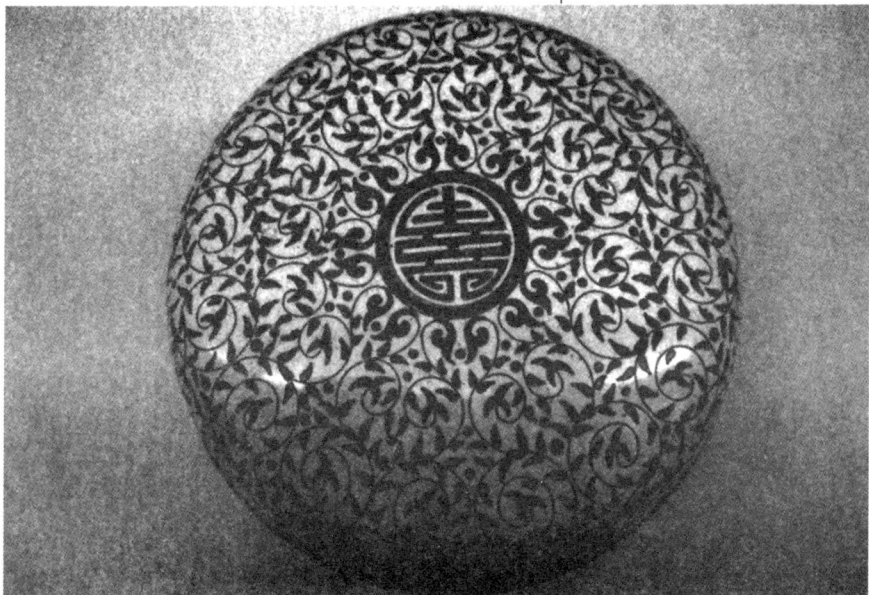

清代景泰蓝缠枝花草寿字盒

清中期铜胎掐丝珐琅缠枝莲瓶

　　收藏景泰蓝，除了认清年代以外，在器型的选择上应该尽量选择人物、动物。从上个世纪的 60 年代开始，景泰蓝出现了仿制品，主要仿造清代乾隆以后的器物。景泰蓝使用的主要颜料为珐琅色料，伪造者为降低成本，往往用其他色料代替。伪造的一般方法是：先制成铜胎，并用铜丝掐成各种图案，接着将普通颜料研磨后填入灼烧，烧成后镀金，再用细石将表面的硬棱磨掉。各道工序完成后还要在其表面涂上一层杏干粥，使其生锈。数十天后把表面的锈除去，再用油脂擦一遍，其颜色和光润程度就可与旧器物相混淆，但是收藏家只要仔细观察，便能分辨真伪。

（二）景泰蓝的保管

我们中华民族历史悠久，有着丰富的社会文化遗产，对于古代文物的保管和收藏，我国古代各朝各代都十分重视，并积累了不少宝贵的传统经验。

我国古代文物的保护和研究，盛于宋代。宋代金石学的兴起，提高了人们对文物收藏和研究的兴趣。《宣和博古图》《宣和画谱》《宣和书谱》《考古图》这些珍贵的古代书籍，为我们今天研究和保护古代文物，提供了重要的文献资料。

逼真传神的景泰蓝仿古立体兽作品

明清之际，对古代文物的收藏、保管和研究规模更趋扩大，《西清四鉴》《秘殿珠林》《石渠宝笈》等文物收藏书籍中，记录了大量的古代文物，仅《西清四鉴》中就著录器物达4105件。清乾隆时期，乾清宫、养心殿、重华宫、宁寿宫、御书房及圆明园、奉天行宫、热河行宫等处，收藏了大量的古代文物。

要根据景泰蓝自身特性和容易损坏的客观事实，再结合我国古代积累的文物保管经验，我们才能知道如何正确地保管景泰蓝制品。

景泰蓝是将珐琅釉烧结于金属胎上的

景泰蓝制品需要精心保管

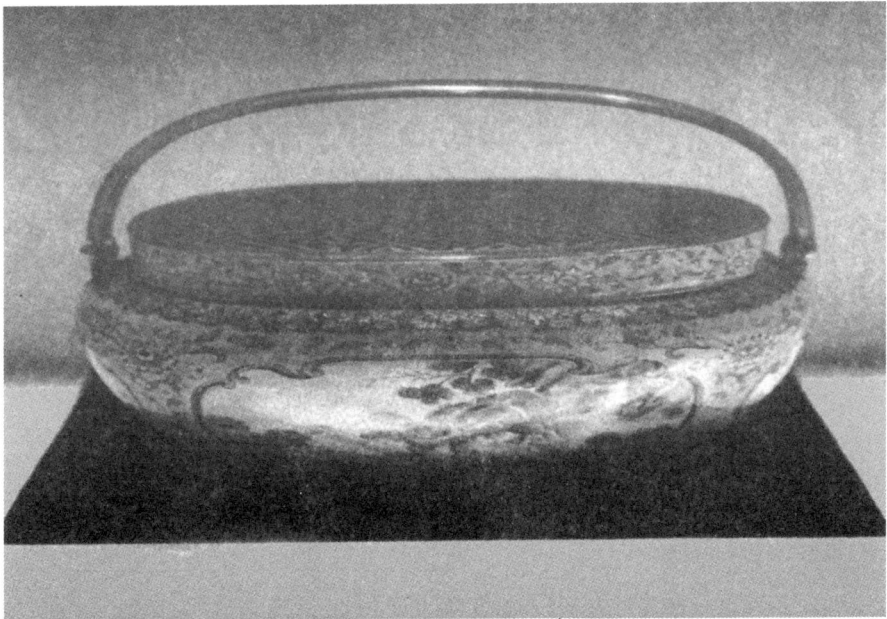

一种复合工艺制品。珐琅釉具有熔点不定，只有熔化温度范围；质硬，除弱酸强碱外，不溶于水及一般常用的酸液和碱液；不透气体和液体等特点。景泰蓝的金属胎，大部分是红铜。红铜，又称纯铜，是富于伸展性的微红色金属。景泰蓝的金属胎成品中，基本上都是铜的合金，如与铁、铅、锡等混合。

景泰蓝的主要损害是机械性破坏（如碰击等）和珐琅釉料的部分或全部脱离金属胎，及粉化、变色、炸裂、失去光泽等现象。造成这些现象的主要原因是：涂施珐琅釉料的方法不正确、碰撞、金属胎生锈等等。

保管不当会给景泰蓝制品造成损害

景泰蓝的收藏与保管

107

清代乾隆掐丝珐琅勾莲圆盒

在保管景泰蓝时，所处环境的相对湿度或含水量过高，都会侵蚀器物。另外空气中二氧化碳含量过高，也会腐蚀景泰蓝。由于珐琅器是金属铜与珐琅釉料相结合的复合性工艺品，因此特别要注意氯化物与氧化物（如氧化铜、氧化亚铜、硫化铜、硫酸铜、氯化亚铜等）对金属胎的损害，因氯化物、氧化物等长期作用会使金属胎生锈，从而损害景泰蓝制品。另外，对景泰蓝上镀金面的灰尘，应用软毛刷或羚羊皮轻轻拂拭，切忌用水或粗糙的物品擦拭。对于珐琅釉面上的灰尘，也应用软毛刷轻轻擦拭，以免产生划痕。

总之，金属胎珐琅器应放置于干燥低温的环境中，保持空气洁净无污染，并尽量避免阳光直射。

七 当代景泰蓝的发展和隐忧

清代掐丝珐琅蓝地卷草棒槌瓶

（一）景泰蓝行业的恢复与发展

在解放初期，由于多年的战乱和经济衰退，景泰蓝行业的发展到了最低谷。当时北京有大小景泰蓝作坊二百余家，大的不过二三十人，小的只有两三个人，从业人员不足千人，景泰蓝产品单一、图案简单、色彩单调，整个行业处于萎缩状态。

解放后，国家对整个传统工艺采取了抢救、保护和扶持的政策，这使得景泰蓝行业迅速得到了恢复和发展。1950年6月，北京市政府成立了北京市特种工艺品公

清代珐琅缠枝花卉万寿无疆盘

司。1951年特种工艺品公司为了尽快恢复景泰蓝行业的生产，并规范景泰蓝的生产制作，成立了研究制作景泰蓝的国营特艺试验厂，将许多散落民间的景泰蓝艺人请进厂参加实验。据说当时已有几位老师傅被迫改行拉黄包车了，被请回厂时激动得热泪盈眶。同时，清华大学在梁思成、林徽音教授的主持下成立了一个美术小组，抢救濒于灭绝的景泰蓝。

1956年，由四十二个珐琅作坊合并组成了北京珐琅厂。1958年6月，三个珐琅生产合作社合并，成立了北京景泰蓝厂。同年10月，国营景泰蓝试验厂并

当代景泰蓝的发展和隐忧

入北京珐琅厂，成立了国营北京市珐琅厂。1958年7月，成立了北京市工艺美术学校，并设有金属工艺专业，专门培养景泰蓝设计人员。可以说，在特种工艺美术中，景泰蓝是最早配备专业创作设计人员的行业。

这一时期的景泰蓝行业获得了快速的发展，景泰蓝无论在造型、装饰纹样，还是在色彩及艺术水平上都有了很大的发展和进步，不仅仿制了大量的传统产品，还创造了风格各异的新产品，如瓶、盘、罐、洗子等造型样式，花纹多以梅、菊、牡丹、月季、山茶、大地花鸟、大地松鹤、勾子莲等图案为主，还有多彩

景泰蓝仿古立体兽——大象

象首三足珐琅熏香炉

多姿的人物、自然风景等。釉料颜色也增加到六十余种。

景泰蓝在 1975—1980 年迎来了一次井喷式的发展。当时由于大量国家与中国建交，中国一方面需要向频繁来访的各国代表团赠送礼品，另外也需要能够换取外汇的商物。这个时候，包括景泰蓝在内的整个北京工艺美术行业从业人员超过三万人。

（二）景泰蓝行业的现状和问题

上世纪 90 年代后期，由于各种原因，中国工艺美术品的海外订单急剧下滑。到了 1998 年，北京工艺美术厂已经由鼎盛

绘满花纹图案的景泰蓝花瓶

当代景泰蓝的发展和隐忧

色彩鲜艳的景泰蓝作品

带有凤雕图案的景泰蓝工艺品

时期的四千人下降到了不足三百人。

2004年12月，北京工艺美术厂由于资不抵债，被北京西城区法院裁定破产，走完了四十六年的历程。由于北京工艺美术厂是工艺美术"四大名旦"——景泰蓝、玉器、雕漆和牙雕的集大成者，这个企业的倒闭，也标志着一个行业的危机的来临。

据不完全统计，北京现存的工美大师和制作大师，已经由解放初的一千六百人减少到不足一百人，曾经以"燕京八绝"为骄傲的北京工艺美术行业正在快速萎缩，其中濒临失传的艺术门类有十七个，已经失传的有十五个。

对于景泰蓝、北京工艺美术厂乃

至整个工艺美术行业的衰落原因，业界一直有不同的看法。其中一种说法是对景泰蓝的知识产权缺乏保护。在上世纪七八十年代，日本的竞争对手通过参观和"挖人"，将景泰蓝行业大部分的工序、工艺甚至各种必须用到的独特原材料的选取，都学过去了，由此掌握了景泰蓝的制作工艺，并且通过价格战将中国的海外客户拉走。

但是中国工艺美术大师张同禄先生并不认同此种看法。在他看来，将多年受到政府保护的特殊传统工艺美术行业一

造型别致的景泰蓝工艺品

下子置于市场化的环境，是导致景泰蓝乃至整个北京工艺美术厂陷入衰退的主要原因。

20世纪90年代初期，由于景泰蓝的需求量大，有利可图，全国各地曾在短短几年间突然出现许多家景泰蓝生产厂家。那些突然冒出来的私营小企业，许多并不具备生产条件，有的原先只是给大厂定点加工原料的小作坊。这些小厂的产品用料低劣、工艺粗糙，图案、造型几乎都是仿照大厂的设计，毫无艺术品位可言，但它们产品的货号几乎全是正规厂家的老品种和畅销国内外市场的名牌经典性花色。由于"兰花花"遍地开，加上不少新上马

工艺精美的景泰蓝布艺画

作坊的技艺质量和销售价格均低于正宗厂家，而正宗厂家又没有相应的保护措施，导致出口市场呈现激烈混乱的无序竞争。曾辉煌几百年的景泰蓝一时身价大跌，被一些多年经销景泰蓝的客商讽为"景泰烂"。粗制滥造产品充斥着市场，严重地摧残了景泰蓝的发展，使景泰蓝生产厂家陷入了销售不畅的困境。

2006年8月，北京景泰蓝制作技术被列为国家首批非物质文化遗产。但是整个行业面临着后继无人的尴尬局面。景泰蓝的全部工序加起来有上百道，光学下来就要花上数年时间。而在目前这样一种不景气情况下，没有年轻人愿意

景泰蓝行业是我国传统工艺美术行业的一颗明珠

当代景泰蓝的发展和隐忧

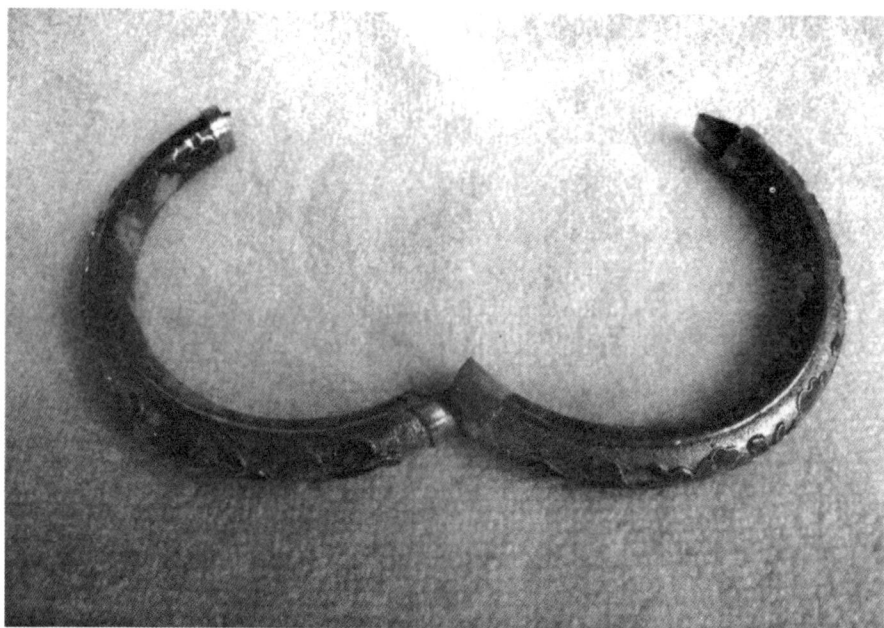

景泰蓝手镯

景泰蓝盖盒

学。眼下北京整个景泰蓝行业的从业人员年龄都已有五十多岁，总人数不过数十人而已。